AF586020

# PANÉGYRIQUE

DE LA BIENHEUREUSE

# JEANNE-MARIE DE MAILLÉ

PRONONCÉ DANS

LA CATHÉDRALE DE TOURS

Le 9 Avril 1872

PAR

MONSEIGNEUR L'ÉVÊQUE D'ANGERS

Se vend au profit des orphelins de la guerre et des servantes des pauvres malades.

ANGERS

E. BARASSÉ, IMP.-LIB. DE MONSEIGNEUR L'ÉVÊQUE ET DU CLERGÉ

Rue Saint-Laud, 83.

1872

# PANÉGYRIQUE

## DE LA BIENHEUREUSE

# JEANNE-MARIE DE MAILLÉ

PRONONCÉ

## DANS LA CATHÉDRALE DE TOURS

LE 9 AVRIL 1872.

---

> Fallax gratia et vana est pulchritudo ; mulier timens Deum ipsa laudabitur.
>
> La grâce est trompeuse et la beauté vaine ; la femme qui craint le Seigneur mérite seule la louange.
>
> *Proverbes*, XXXI, 31.

MESSEIGNEURS,

Si jamais ces paroles de la sainte Écriture se sont vérifiées à la lettre, c'est bien dans la personne de la bienheureuse Jeanne-Marie de Maillé. Elle possédait ces grâces naturelles dont parle le Sage; elle y joignait, outre les qualités de l'esprit, les avantages du rang et de la fortune; et cependant tout cela n'eût pas suffi pour sauver son nom de l'oubli et le faire vivre à jamais dans la mémoire des hommes. Mais parce qu'elle a craint le Seigneur, et que cette crainte a été pour elle le principe de la sagesse, c'est pour ce motif qu'elle a mérité la louange : *ipsa laudabitur*. Et quelle louange ! les bénédictions de toute une province pendant sa vie ; un culte de respect et de vénération se prolongeant à travers les siècles sans aucune interruption ; la confirmation de ce culte par l'autorité souveraine et infaillible du vicaire de Jésus-Christ ; une grande ville qui s'ébranle tout entière pour célébrer avec transport une mémoire restée chère à tous les cœurs ; des évêques quittant leurs siéges pour venir s'associer à ces touchantes manifestations de la foi ; des voix éloquentes qui se sont élevées l'une après l'autre pour redire les merveilles d'une vie admirable entre toutes : voilà, certes, un concert d'éloges et d'acclamations populaires auprès desquels toute gloire humaine perd son éclat, et qui demeurent le privilége incommunicable de la sainteté.

Et ne croyez pas, Mes Frères, que ce soient là de vaines pompes, des cérémonies destinées à frapper les yeux sans parler au cœur. Non, la béatification d'un saint est la plus haute leçon morale que l'Eglise puisse donner au monde. C'est une affirmation solennelle du bien en face du mal qui le combat ou qui cherche à le nier ; c'est la loi divine promulguée de nouveau, ou du moins rendue sensible et palpable dans l'une de ses incarnations vivantes. Chaque fois que la notion du devoir tend à s'obscurcir dans les âmes, aux heures de scandale où la conscience publique subit l'une de ces dépressions qui feraient craindre pour l'idée même de la vertu, l'Eglise redouble d'efforts pour déployer en face du monde le drapeau de la sainteté. Elle va du trône à l'échoppe, de la chaumière au palais, à travers toutes les conditions sociales, elle va discerner quelqu'un de ses enfants ; elle va surprendre dans la retraite où se cachait leur humilité, ces dévouements inconnus, ces héroïsmes oubliés; elle les examine, les pèse, les discute, et, les produisant au grand jour, elle les ramasse dans une vie toute rayonnante de beauté, qu'elle place sous les yeux des peuples émus et attendris, en leur disant : voilà le bien, voilà l'idéal!

Et c'est pourquoi les canonisations de saints se sont multipliées de nos jours. En présence du mal qui s'affirme avec une audace incroyable, qui se pose hardiment à l'encontre de Dieu et de sa loi, appuyé qu'il est sur la complicité du roman, du drame, des mille voix qui partent chaque jour du théâtre et de la presse incrédule, il fallait proclamer hautement la sainteté du bien et la faire resplendir dans des figures capables d'exercer sur les âmes les divines séductions de l'exemple. Aux passions qu'on flatte, qu'on réhabilite, qu'on divinise, il devenait nécessaire d'opposer les saintes austérités du devoir, les splendeurs du sacrifice, les chastes attraits de la beauté morale, les élans prodigieux de l'héroïsme surnaturel, toutes ces choses qui éclatent dans la vie des saints et qui semblent illuminer d'une clarté nouvelle les pages de l'Evangile, parce qu'elles sont le rayonnement du Christ à travers les siècles.

Avec cette clairvoyance dont il a fait preuve dans tout le cours de son merveilleux pontificat, l'auguste vieillard, qui gouverne l'Eglise, a compris tout ce qu'il y aurait de force pour le bien dans ces proclamations solennelles de la sainteté; et les évêques, marchant sur ses traces, n'ont eu rien de plus à cœur, dans ces derniers temps, que de remettre en honneur la mémoire et le culte des héros de la foi. Ils étaient donc bien inspirés, les vénérables successeurs de saint Martin, quand, pour l'édification de toute une province, ils s'appliquaient à environner d'un nouvel éclat le nom et la figure de cette héroïne de la charité qui, aux plus mauvais jours du XIVe siècle, embaumait du parfum de ses vertus la Touraine, l'Anjou et le Maine. Après les éminents orateurs qui m'ont précédé dans cette chaire, il ne me resterait plus qu'à vous laisser sous le charme de vos souvenirs et de vos impressions. Mais la vie de Jeanne-Marie de Maillé a tant d'attraits par elle-même, que je n'hésite pas à la replacer sous vos yeux pour vous montrer, d'abord, par quelles voies Dieu a conduit sa servante vers la mission qui lui était réservée, et, ensuite, avec quelle fidélité elle a su répondre aux desseins que Dieu avait formés sur elle. Ce sera tout le sujet et le partage de ce discours.

## I.

Dieu est admirable dans ses saints; et les chefs-d'œuvre de la grâce, plus encore que les merveilles de la nature, manifestent sa puissance et son infinie sagesse. *Pater meus agricola est*, disait Notre Seigneur Jésus-Christ, « mon Père est le laboureur des âmes. (1) » Et de même que l'homme des champs cultive avec amour la terre dont il attend des fruits, ainsi Dieu prépare-t-il les âmes à leurs destinées futures, choisissant pour elles et disposant de loin les conditions les plus favorables à leur fertilité, suivant leurs plis et leurs replis comme autant de sillons tracés d'avance pour recevoir la semence d'en haut, appropriant l'effort de la culture à leurs qualités natives comme le laboureur

(1) S. Jean, XV, 1.

qui observe avec soin la nature et les mouvements du sol, écartant les ronces et les épines du monde qui pourraient étouffer en elles le germe du bien, leur distribuant, avec mesure, ce que l'Ecriture sainte appelle la pluie du matin et la pluie du soir, *imbrem matutinum et imbrem serotinum*, c'est-à-dire les secours vivifiants de sa grâce, jusqu'à ce qu'elles se manifestent dans tout l'éclat de leur richesse, parées des fleurs de la vertu et produisant en abondance des fruits de sainteté. Ainsi se forment et s'achèvent, sous la main de Dieu qui en dirige la croissance, ces plantations célestes dont se couvre à toute heure et en tout lieu le sol inépuisable de l'Eglise catholique.

Or, quand je suis les opérations divines à travers la vie de Jeanne-Marie de Maillé, j'en trouve une première trace dans les conditions de sa naissance. C'est ce que j'appelais tout à l'heure la préparation du terrain où le divin agriculteur fait éclore ses plantes. Dieu donc, qui destinait un exemple aux grands et aux puissants de ce monde, Dieu voulut que Jeanne trouvât sur son berceau l'éclat du nom et de la fortune, et que le sang de deux illustres familles vînt se rencontrer dans ses veines. Or, je dis que, pour l'héritière des Maillé et des Montbazon, c'était là tout ensemble une force et un péril. Une force, car ce n'est pas peu de chose pour les destinées d'un homme que d'apparaître au seuil de la vie précédé d'une longue série d'ancêtres, que de trouver par devers soi des traditions qui obligent, des vertus héréditaires, des exemples qui s'imposent avec l'autorité du sang, une voie frayée d'avance par des siècles de fidélité, de dévouement et d'honneur. Il en est des familles comme des nations : les plus vigoureuses sont celles qui ont la plus longue histoire, et qui savent s'en souvenir. Voilà pourquoi le Fils de

Dieu lui-même voulut naître de la famille la plus noble qui fût au monde, d'une famille qui remontait jusqu'au berceau du genre humain à travers les splendeurs d'une généalogie à laquelle il ne manquait pas un anneau. Ce sont là de ces choses qu'on ne détruit point ; car ce serait détruire la nature et l'histoire. Toujours et partout, sous une forme ou sous une autre, il y aura dans le monde des noblesses et des aristocraties, parce que, de tout temps et en tout lieu, l'on a vu et l'on verra des trésors de mérites qui s'accumulent sur un point, des héritages de services qui se transmettent d'une génération à l'autre, des habitudes d'héroïsme qui se perpétuent avec le sang, tout cet ensemble de choses qui à la longue forment au front d'une famille une auréole de distinction dont l'éclat rejaillit sur tous, une couronne de gloire qui cesse d'être la récompense d'un seul, pour devenir le titre commun et le patrimoine d'une nation.

Mais ce qui est une force et un secours dans les desseins de Dieu, peut devenir un écueil par la faute de l'homme ; et cet écueil trop ordinaire aux grandes conditions de la vie, ce sont les éblouissements de l'orgueil et l'attrait des jouissances. Dieu fit à Jeanne-Marie la grâce de comprendre que l'on n'est pas grand, que l'on n'est pas riche pour soi-même, mais pour les autres, et que la noblesse ne mérite pas ce nom si elle n'est avant tout et par-dessus tout un service. Oui, servir, servir Dieu, servir l'Eglise, servir la chose publique, toutes les nobles causes qui appellent le dévouement, les servir au prix de son repos, de son bien-être, et au besoin de son sang et de sa vie, telle est la fonction privilégiée de tout ce qui porte un grand nom ; et ce privilége du sacrifice, le Fils de Dieu se l'est attribué tout d'abord, quand il disait, lui, le rejeton de David : « Je ne suis pas venu pour être servi, mais pour servir (1). » Jeanne comprit de bonne heure la leçon renfermée dans ce mot ; et, déjà je pressens toute sa vie, quand je la vois, encore enfant, rechercher de préférence la compagnie des pauvres filles de son âge, se dépouiller en leur faveur de ses plus riches parures pour échanger contre leurs haillons les vêtements de sa condition. Oui , voilà bien ce qu'elle devra être un jour, la servante des pauvres. Désormais elle pourra placer sur son cœur l'image du divin Crucifié, et ne plus s'en séparer : elle a trouvé sa voie, la voie de la vraie noblesse, la voie royale du sacrifice.

Si la pieuse enfant avait pu suivre l'attrait de son cœur, elle n'aurait passé de l'enfance à la jeunesse que pour se consacrer irrévocablement au service de Dieu et des pauvres. Mais, pour mieux la préparer à son ministère futur, Dieu voulait qu'elle connût le monde, qu'elle le traversât du moins, qu'elle en vît de près, pendant quelques années, les vanités et les souffrances, sans se laisser éblouir par les unes et en réservant aux autres tout ce qu'elle avait de force et de tendresse. C'est pourquoi il lui ménagea le bonheur d'une alliance qui lui permît d'achever l'apprentissage de la charité, sans rien enlever à la donation qu'elle avait faite de son cœur et de sa vie à celui qui était devenu pour toujours l'époux de son âme. Et si je n'avais hâte d'arriver à ce qui est pour moi la vraie mission de Jeanne-Marie de Maillé, je m'arrêterais avec complaisance devant cette période de sa vie ; j'aimerais à opposer au faste et à l'égoïsme de tant d'âmes desséchées par les plaisirs, le tableau de cette amitié conjugale, de cette vie d'intérieur que la piété

(1) S. Matth., xx, 28.

embellissait de ses charmes austères, le spectacle de ces deux nobles jeunes gens réalisant l'union des âmes dans ce qu'elle a de plus pur et de plus élevé, joignant en une offrande unique deux cœurs également consacrés à Dieu, n'estimant dans la richesse que le bonheur de faire le bien, rivalisant d'amour pour soulager l'infortune, partageant leur table avec les pauvres, soignant de leurs propres mains les malades et les pestiférés, adoptant, pour les nourrir et les élever, des enfants qui n'étaient pas les leurs, et transformant l'antique manoir de Sillé en un Hôtel-Dieu où tout malheur trouvait son refuge, toute misère son abri, et d'où l'on n'écartait que le vice et le blasphème. Touchante image, douce apparition que l'on suit avec bonheur à travers les hontes et les corruptions du XIV$^{e}$ siècle, comme un rayon de soleil sur un ciel sombre et désolé !

Car c'était une époque lamentable que celle où Jeanne de Maillé et Robert de Sillé donnaient à leurs contemporains l'exemple d'une vie sans tache. La France en était arrivée à l'un des moments les plus critiques de son histoire ; et malgré des rapprochements douloureux que je voudrais écarter, mais que je trouve dans mon sujet, je ne saurais passer à côté de ces choses, sans y toucher par la parole ou par le souvenir. Depuis près d'un siècle, il s'était accumulé dans la vie du peuple français une série de fautes qui appelaient l'heure de la catastrophe. On voyait le flot de l'iniquité monter lentement, se grossissant peu à peu de tout ce qu'on lui portait. Violations du droit, oppression de la faiblesse, orgueil dans la domination, fièvre de jouissances, parjures sans vergogne, scandales insolents, haine de la vérité, guerre contre Dieu et ses saints, tout cela avait rempli les réservoirs où se préparent les foudres de la vengeance divine. Quel mépris de la vie humaine dans ce brigandage permanent devenu la forme habituelle de la guerre ! Quel mépris de la justice dans ce despotisme cupide dont le peuple payait en larmes les sanglantes folies ! Quel mépris de l'Evangile dans ce paganisme de la chair contre lequel l'anathème pontifical ne parvenait plus à défendre la sainteté du mariage ! Quel mépris de l'honneur et du devoir civil dans cet égoïsme des partis qui tour à tour donnaient la main à l'étranger pour déchirer le sein de la patrie ! Quel mépris de Dieu et des choses saintes dans ces temps misérables où l'assassinat commis sans scrupule trouvait des panégyristes sans pudeur, où le sacrilége forçait l'Eucharistie à sceller le parjure ! Et pour couronner une telle série d'attentats, cette grande faiblesse que Dieu a placée au milieu du monde comme pour défier toutes les forces, n'avait pas été épargnée dans le mépris de tous les droits. N'avait-on pas vu les émissaires d'un roi de France souffleter le Christ dans la personne de son pontife, comme disait le Dante au souvenir d'un outrage qui indignait sa grande âme ? N'avait-on pas vu les souverains de la France se faire les geôliers de la papauté et préparer à Avignon, par ce caprice insensé, le schisme d'Occident, prélude fatal du protestantisme ? Ah ! devant toutes ces choses réunies, je comprends Crécy, Poitiers, Azincourt, je comprends ces présomptions aveugles, ces vertiges inexplicables, je comprends qu'à une heure donnée Dieu retire sa main pour livrer une nation à elle-même et lui faire sentir, sous le poids du châtiment, ce qui a été la cause de ses désastres et ce qui peut devenir le principe de sa résurrection.

Jeanne de Maillé eut sa part dans les malheurs publics. Elle vit son époux revenir grièvement blessé de cette funeste bataille de Poitiers, où la noblesse française, toujours pleine de bravoure, avait payé de son sang sa propre indiscipline et l'impéritie de ses chefs. Elle vit son château de Sillé deux fois pris et saccagé, ses domaines livrés au pillage, ses vassaux massacrés sous ses yeux; elle partagea dans son cœur, avec le noble compagnon de sa vie, les tortures de la captivité; elle ressentit coup sur coup et sans que la Providence lui en épargnât une seule, toutes les souffrances qui sont la suite de l'invasion étrangère, et que nous n'avons que trop appris à connaître par nous-mêmes. C'étaient là autant d'épreuves qui, dans les desseins de Dieu, devaient retremper son âme et l'exercer au sacrifice. Car l'homme qui n'a pas souffert a toujours quelque chose d'incomplet et d'inachevé : il lui manque ce sens pratique qui fait comprendre le sérieux de la vie, cette expérience des choses qui dissipe les illusions devant la réalité, cette habitude de regarder en face les contrariétés du monde sans en être effrayé, ce ressort moral qui ploie un instant sous l'obstacle qu'il ne peut éviter pour se relever avec d'autant plus de force, ce don enfin de savoir compatir aux maux de ses semblables et supporter leurs faiblesses. C'est à l'école de la souffrance que se forment les grands caractères, les volontés énergiques, les âmes capables de dévouement et de sacrifice. L'épreuve est l'initiation des grandes vies quand elle n'en est pas le couronnement. C'est pourquoi Notre-Seigneur permit que le calice de la souffrance passât et repassât sous les lèvres de sa servante, et comme pour lui faire comprendre le secret de ces choses, il s'offrit à elle en vision et la toucha de cette main percée de clous qu'il étend vers les âmes destinées à partager sa puissance après avoir été associées à ses humiliations et à ses douleurs.

Ce calice des souffrances, Jeanne-Marie dut le boire jusqu'à la lie. A peine la mort l'eût-elle séparée du pieux jeune homme, dont les mérites plus encore que le nom étaient devenus les siens, qu'elle se vit en butte au mépris et à la persécution. Chassée brutalement du château de Sillé, repoussée par ceux-là même qu'elle avait autrefois comblés de ses bienfaits, elle ne tarda pas à trouver dans la cupidité et les mauvais traitements de ses proches ce qui devait achever de rompre les liens qui l'attachaient au monde. Devant de telles épreuves, où sa foi lui faisait découvrir autant de grâces, la sainte femme comprit que Dieu lui demandait le sacrifice complet de son cœur et de ses biens, et qu'afin de pouvoir se dévouer librement pour les autres, il lui fallait commencer par mourir à elle-même. Car c'est là, Mes Frères, la condition ordinaire des grandes missions de dévouement et de charité. Ecoutez l'Evangile : *Nisi granum frumenti cadens in terram mortuum fuerit, ipsum solum manet* (1) : si le grain de blé ne meurt pas après qu'il a été jeté en terre, il reste stérile ; mais sitôt qu'il est mort, c'est alors que sa germination commence, que ses éléments tressaillent et s'agitent, qu'une force intime le pousse, le soulève, le développe, et qu'ainsi, se multipliant par lui-même, il s'épanouit dans la splendeur de sa fécondité : *multum fructum affert*. Voilà l'image des âmes que Dieu choisit pour opérer ses plus étonnantes merveilles : c'est en se dépouillant d'elles-mêmes, de tout ce qui flatte les sens, de tout ce qui tient au monde, qu'elles acquièrent une vigueur et une énergie surnaturelles. *De morte vita*, s'écriait Tertullien : c'est la mort qui fait germer la vie. Voyez la nature elle-même : vous l'admirez dans l'éclat de sa parure printanière ou bien quand elle se présente à vous couverte d'une moisson splendide. Mais qu'a-t-il

(1) S. Jean, XII, 24.

fallu pour la faire apparaître sous cette riche enveloppe ? Il a fallu auparavant que l'arbre se dépouillât de ses feuilles, que la fleur quittât ses ornements, que la terre se couvrît d'un linceul de mort, qu'elle restât là, pendant des semaines et des mois, nue, triste, désolée ; et ce n'est qu'après ce dépouillement complet de tout ce qui en faisait la richesse et la force apparente, que la sève monte, circule, éclate, et que la nature apparaît aux yeux de l'homme, rajeunie et transfigurée.

Ainsi en est-il de l'ordre moral. Le divin agriculteur n'agit pas autrement à l'égard des plantations qu'il destine à une haute croissance. Il les taille jusqu'au vif, il coupe et retranche tout ce qui les tiendrait rabaissées vers la terre et les empêcherait de prendre leur essor vers le ciel. Tant que Jeanne n'avait pas renoncé à toute possession, à tout éclat terrestre, son activité pour le bien restait incomplète comme son sacrifice. Maintenant que la voici pauvre, dépouillée de toutes choses, isolée dans le monde, n'ayant plus où reposer sa tête, sans autre appui que son bâton de pèlerin, elle pourra devenir, entre les mains de Dieu, un instrument digne de lui. Revêtue désormais des livrées du sacrifice, l'humble tertiaire de S. François d'Assise trouvera des accents qui retentiront au cœur des rois et des grands de la terre. Plus elle cherchera l'oubli dans l'obscurité de la solitude, plus l'éclat de ses vertus rayonnera autour d'elle pour l'édification de tous. Réduite elle-même à l'indigence, cette mendiante volontaire fera plus pour les pauvres et les malheureux qu'elle n'aurait pu faire avec toutes ses richesses passées. Au lieu du coin de terre où se seraient renfermés sa vie et ses bienfaits, c'est toute une province, c'est un royaume entier qui va bénéficier des œuvres de son zèle. Ainsi Dieu se plaît-il à glorifier ses saints, mesurant ses dons à l'étendue de leur sacrifice, et n'assignant d'autres limites à leur puissance que celles de leurs vertus.

## II.

Si le XIVe siècle a été pour la France une période d'abaissement, il ne marque pas moins tristement dans les annales de l'Eglise. Tant il est vrai que ces deux grandes causes sont solidaires et inséparables l'une de l'autre. Pendant que l'invasion étrangère désolait le royaume très-chrétien, Rome devenait la proie des révolutions ; et six mois ne s'étaient pas écoulés depuis la bataille de Crécy, qu'un usurpateur décrétait au Capitole la fin de la souveraineté temporelle des Papes. A des événements si funestes pour la chrétienté, allait succéder le grand schisme d'Occident, avec ses rivalités opiniâtres et ses déplorables dissensions. Dieu permet ces terribles épreuves afin que le sacerdoce se retrempe dans l'amour du devoir à l'aspect des maux qu'en amène l'oubli, et que les peuples se rattachent plus étroitement à l'Eglise en la voyant résister à des assauts auxquels succomberait toute institution humaine. Assurément, on ne saurait trop le redire, la chrétienté ne se divisait alors sur aucun point de doctrine, mais sur une simple question de fait : toutes les nations obéissaient au successeur de saint Pierre, bien qu'elles fussent partagées entre ceux qui en revendiquaient le titre. Mais enfin ces contestations touchant la validité de l'élection des papes, ces anathèmes réciproques qui se croisaient par-dessus la tête des peuples, entretenaient dans les esprits une agitation funeste. Les âmes souffraient de voir le scandale là où elles étaient habituées à placer le respect ; et l'autorité perdait de son prestige entre les mains de ceux qui s'en disputaient les droits.

Mais Dieu ne manque jamais à son Eglise ; et son bras ne se retire point d'elle, alors même qu'il semble se voiler. Non-seulement la doctrine demeurait intacte, et avec elle la divine constitution de l'Eglise ; mais encore la sainteté, dans ce qu'elle a plus de héroïque, restait l'incomparable parure de l'Epouse de Jésus-Christ. Quand je jette les yeux à travers les désordres et les souillures du XIV$^{e}$ siècle, j'y trouve partout une merveilleuse efflorescence de vertus attestant que la vie divine coulait toujours riche et puissante dans les veines de l'Eglise catholique. Sur le trône de Portugal, Elisabeth d'Aragon offre aux princesses de son temps un modèle accompli de perfection chrétienne. Dans une condition moins élevée, sainte Julienne Falconeria devient une prédication vivante pour la noblesse et le peuple de Florence. Tandis qu'en Italie, sur le siége de Fiésole, André Corsini fait resplendir la sainteté du caractère épiscopal, au fond de la Bohême, un prêtre, Jean Népomucène, reproduit l'héroïsme des premiers martyrs. Sainte Brigitte, sainte Catherine de Suède, sainte Catherine de Sienne, forment un groupe de figures dont la grâce vraiment céleste n'a été surpassée dans aucun temps ; et saint Vincent Ferrier projette sur toute cette époque désastreuse l'éclat de sa vie, de son éloquence et de ses miracles. Non, la sainteté de l'Eglise n'avait reçu aucune atteinte du malheur des temps : les saints étaient là, au milieu de leur siècle, comme une démonstration vivante de la permanence du secours divin à travers les vices et les faiblesses de l'homme.

Jeanne de Maillé appartient à cette illustre pléiade de serviteurs et de servantes de Dieu dont la mission consistait à exercer autour d'eux l'influence que donnent la piété et la charité parvenues au sommet de la perfection. La voyez-vous dans sa petite cellule du couvent des Cordeliers ou bien dans son ermitage de Champchevrier ou de la Planche de Vaux? Elle est là, entre le ciel et la terre, comme un ange de paix, qui appelle la miséricorde. Nuit et jour, elle prie pour ses frères; elle sollicite, elle conjure. Plus les scandales se multiplient autour d'elle, plus elle redouble de rigueurs contre elle-même et d'austérités. La terre nue lui tient lieu de couche; sa ceinture, c'est une chaîne de fer garnie de pointes aiguës; ses souffrances, elle les appelle gaiement ses petites douceurs. Elle se considère comme une victime d'expiation associée au sacrifice de Jésus-Christ pour fléchir la justice divine irritée par tant de crimes. Et c'était là en effet le premier côté de sa mission.

Ah! l'on ne sait pas combien il y a de force morale pour une société défaillante dans ces vies pures et mortifiées, ce qu'elles lui apportent d'énergies surnaturelles et divines. C'est par la prière et les vertus des saints que les peuples se relèvent. Il y a là ce levain fécond qui fait fermenter la masse; ce sang généreux qui rappelle la vie dans des veines épuisées; ce sel de l'Evangile qui empêche la corruption de devenir universelle. Il y a là ces contrepoids mystérieux qui font incliner vers la miséricorde la balance de l'éternelle justice. Et à l'époque dont je parle, où était pour la France humiliée et meurtrie l'espoir de la guérison? Non, il n'était pas dans cette cour dissolue ni dans cette capitale que les plus épouvantables désastres n'avaient pu arrêter dans leurs débordements, et qui, au lendemain des journées de Crécy et de Poitiers, ne rêvaient que fêtes et plaisirs; il n'était pas dans ces politiques, Armagnacs ou Bourguignons, qui ne songeaient qu'à faire des malheurs publics un piédestal pour leur ambition personnelle ; il n'était pas dans ces tribuns dont la médiocrité jalouse flattait les passions populaires, et qui, pour la première fois dans notre histoire inauguraient alors le règne sanglant de la Commune ; il n'était pas là, il était ailleurs : il était dans les saintes âmes, qui, à l'exemple de Jeanne de Maillé, élevaient leurs mains vers le ciel, priaient, expiaient, se sacrifiaient pour la chose publique. Ces âmes-là, du fond de leurs retraites ou sur la scène du monde, elles arrêtaient le bras vengeur, elles appelaient le salut, elles méritaient la délivrance, et à force de vertus elles allaient obtenir Jeanne d'Arc.

Mais en attendant l'heure de la résurrection qui ne devait sonner qu'un demi-siècle après, il fallait épuiser envers cette société malade toutes les ressources et les délicatesses du dévouement chrétien. Et c'est sous ce deuxième aspect que le ministère de Jeanne-Marie éclate à mes yeux. On reste émerveillé à la vue de toutes les œuvres qu'il a été donné à cette pauvre ermitière d'accomplir en des temps si calamiteux. Des mendiants qu'elle recueille, aux lépreux dont elle panse les plaies ; des malades et des infirmes qu'elle sert dans les hospices, aux captifs dont elle brise les fers ; des enfants sur les lèvres desquels sa piété place le nom de Jésus, aux pécheresses endurcies qu'elle arrache à leurs habitudes vicieuses ; du blasphème que sa seule présence arrête dans la bouche des méchants, à la foi et aux vertus que sa parole fortifie dans le cœur des justes, le monde suit avec étonnement, à travers cinquante années d'un zèle non ralenti, d'une ardeur toujours croissante, la trace et les bienfaits de sa prodigieuse activité.

Et d'où venait à cette femme l'énergie qui la rendait capable de tous les dévouements, sans se laisser rebuter par aucun dégoût ni aucune amertume ? Ah ! n'en cherchez pas la cause ailleurs que dans la vivacité de sa foi. Elle voyait Jésus-Christ à travers les haillons du pauvre et les plaies du malade : voilà sa force, et c'est, Mes Frères, ce qui explique aujourd'hui encore les merveilles du dévouement. On aime assez, je le sais, à s'incliner devant la charité chrétienne, mais l'on voudrait en même temps pouvoir la dépouiller du caractère surnaturel qu'elle emprunte à la foi. Eh bien, persuadez donc à cette émule de Jeanne-Marie, à la fille de saint Vincent de Paul, à la petite sœur des pauvres, que ce vieillard, cet infirme, dont elle est occupée du matin au soir à soulager les souffrances, à soigner les blessures, n'est pas son frère en Jésus-Christ, que le Fils de Dieu n'est pas mort pour le salut de nos âmes sur l'arbre de la croix, que la Vierge n'a pas baigné cette croix de ses larmes maternelles, que tout cela est une vaine superstition, qu'elle n'est elle-même qu'une philanthrope, et non pas une servante du Christ, persuadez-lui ces choses, et voyez ce qui restera de son dévouement. A l'instant même elle quittera le réduit du pauvre, le chevet du malade, le lit de camp du blessé ; elle vous redemandera ces joies de la terre qu'elle avait quittées, ces jouissances et ces plaisirs du monde dont elle s'était sevrée, et, une fois la croix voilée, le calvaire disparu, le dernier grain du rosaire foulé aux pieds, elle dira un éternel adieu à ce ministère de charité qui, pour elle, se transfigurait dans la lumière du Christ. En éteignant la foi dans son âme, vous y auriez éteint du même coup la flamme du sacrifice, et rendu à l'égoïsme un cœur qui s'était détaché de lui-même pour se donner à Dieu et à l'humanité.

Oui, le surnaturel, la grâce et le miracle même, voilà ce qui éclate à chaque page dans la vie de la bienheureuse Jeanne-Marie; le surnaturel en forme, pour ainsi dire, la trame et le tissu. Aussi je ne m'étonne pas d'y trouver ces communications fréquentes du ciel, ce commerce ineffable avec Dieu et ses saints, ces sublimes abaissements du Sauveur crucifié vers sa douce servante, ces anticipations lumineuses de la foi sur l'éternelle vision, et que l'on dirait les premiers rayons d'une gloire qui s'annonce, ces secrets de l'avenir qui se dévoilent à un œil pur, cet empire souverain de l'humilité triomphante sur les corps et sur les âmes, toutes ces choses qui forment ici-bas le privilége incommunicable des saints. Non, si merveilleuses qu'elles soient, il n'y a rien dans ces faveurs dont s'alarme facilement une raison étroite et vulgaire, il n'y a rien là qui doive nous surprendre. A ces hauteurs de la perfection morale où la terre touche au ciel, l'horizon des âmes se perd dans l'infini, la nature recule ses limites, l'homme s'efface, et Dieu paraît.

Dieu paraît, et sa présence, manifestée par la vertu surnaturelle dont il revêt les saints, les signale au respect et à la confiance des peuples. Jeanne de Maillé avait cherché le silence et l'effacement; et voici que la renommée vient à elle, attirée par des œuvres dont l'éclat rayonne au loin. Ce n'est plus la ville de saint Martin seulement qui ressentira l'influence salutaire de sa parole et de ses exemples; à Angers, à Paris, en vingt lieux divers, elle va porter ce parfum de piété, cette bonne odeur de Jésus-Christ que les saints répandent autour d'eux. Désormais, les multitudes se presseront sur ses pas, pour recueillir de ses lèvres une prière ou une consolation. A tous les âges de la vie et dans toutes les conditions sociales, j'en atteste les souvenirs de mon diocèse, l'on subira l'ascendant de sa vertu, depuis la jeunesse des écoles qui s'édifie à l'aspect d'une si haute piété, jusqu'aux princes qui placent sous sa protection l'espoir de leur race. Les rois eux-mêmes s'aideront de ses conseils ou recommanderont à ses prières les intérêts de leurs peuples. Et enfin, comme si Dieu avait voulu glorifier jusqu'au bout l'humble ermitière de Tours, sa parole ne s'arrêtera pas au seuil d'une cour voluptueuse : après avoir fait retentir à l'oreille de l'infortuné Charles VI les accents de la clémence, elle ira, franche et sévère, réveiller le remords jusque dans le cœur d'Isabeau de Bavière. Isabeau de Bavière et Jeanne de Maillé ! Le type de la frivolité sensuelle en face de l'image austère de la chasteté, l'égoïsme et le dévouement, le crime et le sacrifice, dans cette main innocente et pure la main qui allait signer le traité de Troyes, c'est-à-dire la ruine et le déshonneur de la France : oui, voilà bien le tableau fidèle d'une époque où les grandes vertus côtoyaient les grands vices, où les scandales provoquaient le châtiment, tandis que des vies saintement héroïques appelaient le pardon et la miséricorde.

Voilà pourquoi, devant les mêmes craintes et les mêmes espérances, il était utile, il était opportun de faire revivre la mémoire de cette âme bienheureuse, qui est restée pour nous un modèle et une force protectrice. Car la mission des saints ne s'arrête pas à la terre ; elle se prolonge dans le ciel pour y devenir un ministère de secours et d'intercession. Et c'est par cette pensée consolante que je voudrais terminer mon discours. Notre histoire nationale, Mes Frères, est remplie d'un fait qui m'a toujours frappé et dont la constance me rassure pour l'avenir. Depuis le jour où l'épouse et la vierge chrétiennes se sont inclinées sur le berceau de la monarchie française, comme deux anges de miséricorde, sous les traits de sainte Clotilde et de sainte Geneviève, cette force tutélaire n'a plus fait défaut à notre pays. Chaque époque a pu contempler quelqu'une de ces suaves figures en qui semble se refléter tout ce qu'il y avait alors de dévouement et de pureté. Célestes apparitions sur lesquelles se repose doucement l'œil fatigué du spectacle de tant d'ignominies! Non, il n'est pas pour une nation de trésor ni d'ornement comparable à cette couronne de saintes femmes dont le nom a été associé à toutes les grandeurs comme à toutes les souffrances de la patrie, et qui se sont appelées tour à tour Bathilde, Radegonde, Blanche de Castille, Jeanne de Maillé, Jeanne d'Arc, Françoise d'Amboise, Anne de Bretagne, Jeanne de Valois, Louise et Elisabeth de France....... Je ne puis pas les énumérer toutes ; mais, soyez-en sûrs, c'est à l'influence de leur souvenir et de leurs exemples que vos filles, vos sœurs, vos mères doivent en grande partie d'avoir conservé ces traditions de piété, de tendresse et de chasteté, qui, grâce à Dieu, sont restées l'honneur de la femme française, et sans lesquelles c'en serait fait de nous à jamais. Et maintenant que nous avons recueilli sur la terre l'héritage de leurs vertus, non, je ne saurais admettre que leur puissance se soit éteinte avec leur vie. Mon cœur a besoin de les suivre dans l'éternelle patrie, où ces anges gardiens de la France intercèdent pour nous devant le trône de Dieu ; et en songeant à ces mains si pures qui se joignent au-dessus de nos têtes, à ces âmes héroïques qui, par leurs supplications ardentes, cherchent à couvrir nos fautes et à les faire oublier, je veux oublier aussi tant d'autres choses qui m'épouvantent, j'ai confiance en des prières et en des mérites capables de faire germer le miracle, je veux croire et espérer.

Oui, je crois, Mes Très-Chers Frères, que de si beaux exemples ne seront pas perdus pour nous. J'espère qu'un tel patronage ne restera pas inefficace ; et je prie Dieu d'en faire ressentir les effets à la France entière, et surtout à nos chers diocèses de la province de Tours, qui, en vénérant dans la bienheureuse Jeanne-Marie de Maillé un modèle de sainteté, se sont acquis de nouveaux droits à sa puissante protection. Ainsi soit-il.



Angers, E. Barassé, imp. de Mgr l'Évêque et du Clergé, rue Saint-Laud, 83.

www.ingramcontent.com/pod-product-compliance
Lightning Source LLC
LaVergne TN
LVHW052029160826
845678LV00003B/1243

* 9 7 8 2 3 2 9 6 4 2 0 3 1 *